Médicos

Julie Murray

Abdo
TRABAJOS EN MI COMUNIDAD
Kids

abdopublishing.com

Published by Abdo Kids, a division of ABDO, PO Box 398166, Minneapolis, Minnesota 55439.
Copyright © 2016 by Abdo Consulting Group, Inc. International copyrights reserved in all countries.
No part of this book may be reproduced in any form without written permission from the publisher.

Printed in the United States of America, North Mankato, Minnesota.

052015

092015

THIS BOOK CONTAINS
RECYCLED MATERIALS

Spanish Translator: Maria Puchol

Photo Credits: iStock

Production Contributors: Teddy Borth, Jennie Forsberg, Grace Hansen

Design Contributors: Candice Keimig, Dorothy Toth

Library of Congress Control Number: 2015941667

Cataloging-in-Publication Data

Murray, Julie.

[Doctors. Spanish]

 Médicos / Julie Murray.

   p. cm. -- (Trabajos en mi comunidad)

ISBN 978-1-68080-338-9

Includes index.

1. Doctors--Juvenile literature. 2. Spanish language materials—Juvenile literature.   I. Title.

617--dc23

                    2015941667

Contenido

Médicos

Algunos médicos trabajan en consultorios. Otros trabajan en hospitales.

Los médicos ayudan a las personas enfermas.

Los médicos examinan nuestros oídos. Escuchan nuestros corazones.

Miran dentro de nuestras bocas.

José dice: "Ahhhhhh".

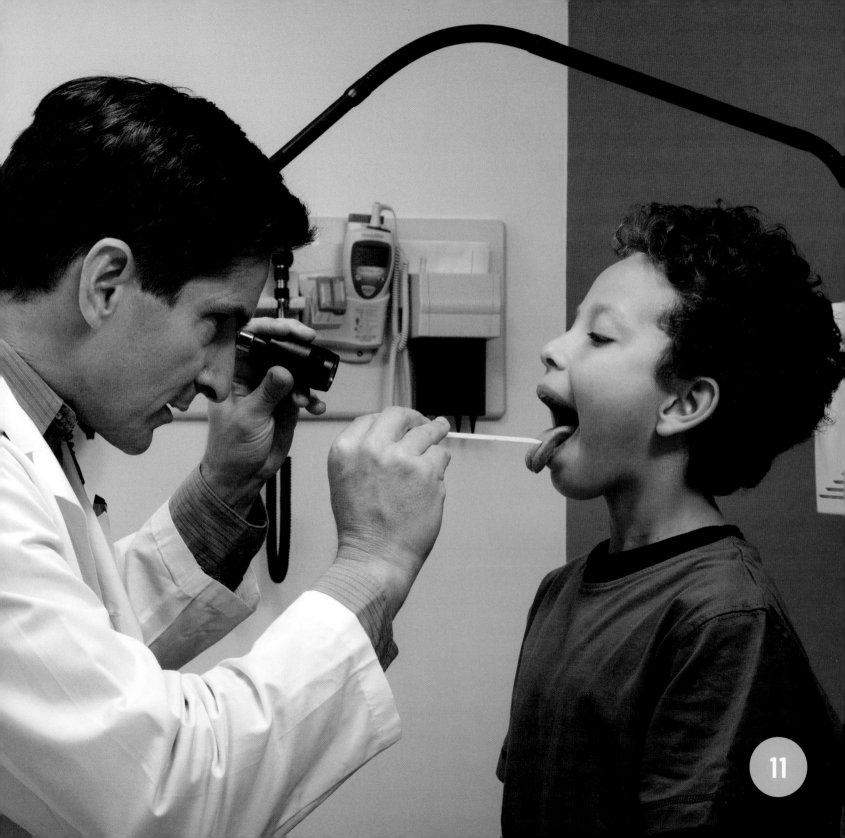

Algunas veces nos

dan **medicamentos**.

A veces nos ponen inyecciones.

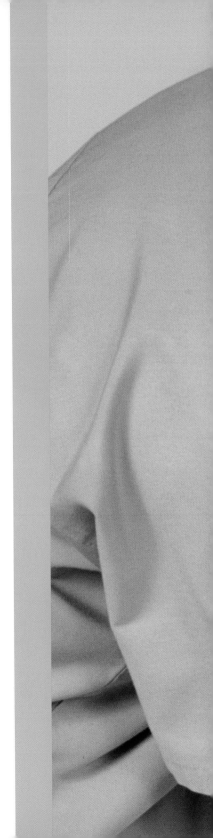

Los médicos también
examinan los rayos X.
Arreglan huesos rotos.

Vamos al médico para

hacernos revisiones.

Esto nos mantiene sanos.

¿Qué hace tu médico?

Los instrumentos de un médico

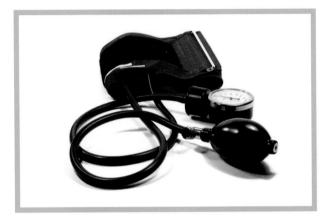

el brazalete para la presión
de la sangre

el otoscopio

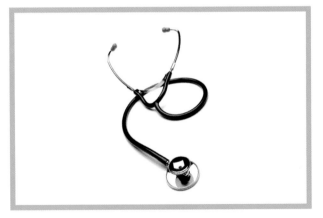

el estetoscopio

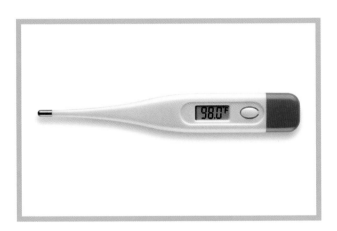

el termómetro

Glosario

consultorio
lugar para las revisiones con los médicos de familia.

medicamento
lo que los médicos dan a la gente para curarse.

hospital
lugar donde la gente enferma o herida acude para curarse. Los médicos y los enfermeros trabajan en los hospitales.

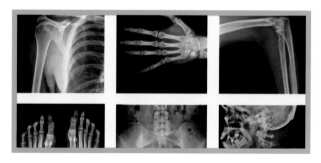

rayos X
fotografía que permite a los médicos detectar los problemas dentro del cuerpo.

Índice

abdokids.com

¡Usa este código para entrar en abdokids.com y tener acceso a juegos, arte, videos y mucho más!

Código Abdo Kids:

MDK9123